AF263033

RAPPORT

DE M. LE PASTEUR APPIA

DIRECTEUR DE L'AMBULANCE DES DIACONESSES DE PARIS
DE 1870 A 1871

AU COMITÉ ÉVANGÉLIQUE

Auxiliaire de Secours aux soldats blessés ou malades

AMBULANCE DES DIACONESSES.

Dès le début de la guerre, et contemporainement à la formation du Comité évangélique, quelques-uns des membres de la direction et de la maison des diaconesses de Paris, se réunirent pour répondre au solennel devoir que la prévision des souffrances de la guerre leur imposait.

Mlle Sarah Monod, membre de la direction, partit presque aussitôt pour Forbach avec sœur Emilie Kalb et sœur Sauer, recommandées d'une façon toute particulière à la protection divine. Après ce premier et modeste effort, la maison dut se renfermer dans ses travaux ordinaires, devenus de jour en jour plus nombreux. Malades, réfugiés, enfants abandonnés nous arrivaient de divers points; en sorte qu'il fallut se demander, s'il y aurait assez de bras pour entreprendre davantage. Néanmoins, le vif désir qu'éprouvaient nos sœurs de prendre leur part du soin des blessés, leur fit accepter avec joie la proposition de l'Intendant supérieur, qui vint leur demander leurs services pour l'une des Ambulances à fonder dans la rue de Reuilly.

Les écoles communales ayant été réquisitionnées dans ce but, l'Intendance remit à la sœur directrice, Mlle Waller, les belles et vastes écoles protestantes situées en face de notre maison, 77, rue de Reuilly.

L'excellence et la proximité du local, le gain de temps qui en résultait pour le service, et la salubrité du quartier, furent d'emblée pour nous des conditions de réussite.

Restaient les difficultés financières ; car l'Intendance militaire, qui semblait vouloir d'abord contribuer à nos dépenses, se renferma bientôt dans un système d'abstention presque complète, dont nous nous félicitâmes hautement après expérience; en effet, le Comité évangélique ayant adopté l'Ambulance, nous laissa une liberté d'action bien plus grande que ne l'eût fait l'Intendance avec ses procédés rudes et souvent inefficaces. Lorsque le rationnement général nous obligea de demander la nourriture de nos soldats à l'autorité, la direction de l'hospice Saint-Antoine, chargée de la répartition des blessés dans les Ambulances du quartier, nous fournit avec empressement les rations journalières.

Assurés par le vote du Comité de pouvoir faire face aux premières dépenses, sans avoir rien à demander à l'Administration militaire, nous nous mîmes chacun de son mieux à l'œuvre.

Un excellent fourneau fut installé dans le préau de l'école de filles, qui se trouva ainsi transformé en cuisine spacieuse, munie d'une fontaine et servant de salle à manger aux bien portants et aux convalescents, en même temps que de bureau et de pharmacie; M. le Dr Morin nous vint efficacement en aide, fournissant trente lits de la maison de santé de Neuilly, que nous n'eûmes plus qu'à compléter à l'aide de quelques dons individuels, pour meubler nos trois grandes salles. Grâce à l'intervention bienveillante de M. de Billy, nous reçûmes de la Société internationale de Secours aux blessés, tout ce qui était nécessaire en fait de bandages, charpie et toiles ; M. le maire Grivot, du 12e arrondissement, nous envoya à plusieurs reprises et gratuitement, une provision de vin ; et les frais d'installation n'ayant atteint que le tiers de l'allocation accordée par le Comité, nous nous trouvâmes prêts, avec personnel, fonds et locaux, dès avant la mi-septembre. Mais l'Intendance militaire ne sembla pas plus empressée à user de notre concours, qu'à nous accorder le sien ; les Ambulances étaient en si grand nombre, qu'elles dépassaient de beaucoup le chiffre des blessés ; et ceux-ci commencèrent par être un objet de requête. Il y avait, dans cette surabondance de secours, un symptôme réjouissant, bien que les motifs de ceux qui les avaient organisés fussent très-mélangés. Nous fûmes d'abord réduits à faire, avec plusieurs pasteurs chargés du soin du neuvième Secteur, de fréquentes visites aux portes, rappelant notre existence, et offrant nos services pour le cas où il y en aurait besoin. Le premier soldat nous arriva comme par hasard ; c'était un brave homme du Nord, qui était tombé d'un fourgon au retour de l'armée du général Vinoy. Un Franc-tireur de la Presse le suivit de près ; il avait tué un Uhlan, s'était élancé sur le cheval du cavalier ennemi, en était retombé et s'était cassé le bras ; nous constatâmes avec satisfaction par ses propos que l'homme ne supporte pas aisément, au début de sa carrière militaire, la pensée d'avoir tué l'un de ses semblables. Les premiers froids d'octobre nous amenèrent une troupe de malades, appartenant pour la plupart à la Vendée, et dont la bonne tenue, l'attention respectueuse et la reconnaissance, furent un heureux début pour notre Ambulance, et créèrent une tradition de confiance qui ne s'est plus perdue depuis. Et disons-le d'emblée, nous avons conservé un bon souvenir de presque tous les 191 soldats reçus à l'Ambulance ; un seul Arabe fut exclu, pour être rentré à une heure tardive, dans un état d'ivresse ; et trois autres durent abréger leur séjour pour avoir tenu des propos déshonnêtes.

« Nos soldats, écrit la sœur chargée de la direction du ser- » vice, étaient généralement sérieux ; plusieurs surtout témoi- » gnaient un vif intérêt pour la lecture de la Bible et des livres » sérieux. » Nous avions établi la règle, que la lecture de l'Écriture-Sainte se ferait chaque jour, ou par le pasteur, ou par l'une des diaconesses ; et plusieurs des assistants ont conservé l'impression de ces moments heureux, où nous lisions en commun les paroles si fortifiantes et si consolantes de l'Écriture, ces traits de l'Évangile, qui appartiennent également à tous les chrétiens, et où protestants et catholiques reconnaissaient leur foi commune. La Société biblique nous avait fourni d'un nombre suffisant d'exemplaires des livres saints ; l'un des abbés du voisinage avait apporté des livres religieux de son choix, et souvent des visiteurs bienveillants venaient enrichir notre bibliothèque.

Malheureusement beaucoup de nos soldats ne pouvaient pas en profiter ; car les illettrés formaient souvent près d'un quart du nombre présent ; la bonne volonté d'apprendre ne manquait pas, et les efforts scolaires étaient fréquemment renouvelés, mais d'ordinaire ils duraient trop peu pour aboutir, et ce qui manquait plus que la bonne volonté et le temps, c'était la foi au succès, qui faisait alors défaut à toutes les activités, et de plus la tradition nationale de l'école. Il y eut néanmoins aussi quelques fruits obtenus ; grâce à la persévérance de Mme Morache, l'un de nos malades apprit à peu près à lire et servit d'encouragement à d'autres qui suivirent son exemple. — La lecture était, avec la conversation, la distraction ordinaire des habitants de l'Ambulance, et avant l'expérience nous n'aurions pas cru que trente à quarante hommes, malades et convalescents, appartenant à toutes les classes de la société, acceptassent d'aussi bonne grâce, sans perdre ni le contentement ni la reconnaissance, de se renfermer dans une vie si calme et si régulière. L'homme a besoin de paix, la guerre est un fait contre nature; aussi l'Ambulance était-elle, pour nos soldats, non un lieu de souffrance, mais de repos ; telle était en outre la fatigue de la plupart d'entre eux, que même les plus grièvement blessés s'endormaient profondément à peine couchés. Du sein du port paisib'e où ils étaient venus, comme des matelots, s'abriter pour quelques jours et radouber leur barque avariée, ils paraissaient regarder avec un mélange de sécurité et d'inquiétude la tempête qui grondait aux portes, et dont le *Petit Moniteur de la guerre* venait leur donner, chaque matin, les détails souvent apocryphes. Le jour où l'appel du devoir se faisait entendre, et où il fallait pousser de nouveau sa barque en pleine eau pour affronter l'orage, était sérieux pour tous. Ceux qui restaient au port regardaient avec regret partir ces amis à qui l'on disait : « Adieu et au revoir » avec quelque réserve, mais avec d'autant plus de cordialité.

Un Nouveau Testament, portant le nom du soldat et celui de l'Ambulance, une carte des environs de Paris pour guider ses pas, une livre de chocolat pour aider à sa convalescence, une bonne chemise de flanelle, fournie par le Comité ou par une amie de la maison de santé, grossissaient le bagage des partants; le déjeuner était un peu meilleur ce matin-là que de coutume, l'exhortation et la prière plus ferventes, et la sympathie de ceux qui restaient ne diminuait pas le patriotisme de ceux qui allaient rejoindre leurs drapeaux.

Ainsi s'interrompait par les entrées et les sorties, la bonne monotonie de la vie d'Ambulance; car la mort nous épargna longtemps, et ne vint frapper que le 87me de nos soldats inscrits. C'était un jeune Saxon, percé de part en part, à plus de trois endroits, et qui venait mourir sur la terre étrangère, entouré des soins et des égards de ses ennemis; un jeune avocat français que le Docteur nous avait amené pour veiller les malades, le soignait avec une sollicitude particulière, à

laquelle s'associaient plusieurs de nos soldats : « C'est à Jésus
qu'il vous faut regarder! » lui dit le pasteur qui le visitait ;
« vous connaissez le cantique de Gerhardt, touchant les souf-
» frances du Christ :

> » Chef couvert de blessures,
> » Tout meurtri, tout sanglant,
> » Chef accablé d'injures,
> » D'opprobres, de tourments.....

» Oui, répondit-il, c'est quand on est ainsi en face de la mort,
» couché dans les champs, qu'on se souvient de Dieu! » Sans
murmure, patient et paisible, il se prépara à la mort qui mit
fin à ses souffrances trois jours après.

Le second qui succomba, nous a laissé un souvenir ineffa-
çable ; nous le recueillîmes le soir de la bataille de Champigny ;
ceux qui ont suivi, sur les lieux, les détails de la journée du
2 décembre, se rappelleront aisément nos interminables allées
et venues sur la route de la « Fourchette », et la tournée noc-
turne que firent les membres du Comité évangélique, lorsque le
canon eut cessé de gronder, que çà et là sifflait encore une
balle, et qu'il ne restait plus qu'à glaner sur le champ mois-
sonné.

« Allez là-haut sur le plateau, vous en trouverez assez! »
nous avaient crié les mobiles de la Côte-d'Or, que nous trouvions débandés et grelottants dans les taillis qui s'étendent de
Champigny à Brie-sur-Marne ; la nuit était venue ; le gel était
fort, le sol durci ; un brave Suisse avait été demander aux
Prussiens de ne plus tirer ; notre Vice-Président avançait avec
la lanterne ; on criait : « Blessés! où êtes-vous ? » Nous arri-
vâmes jusqu'au pied d'une ferme où le combat avait dû être
particulièrement acharné ; un soldat français était assis près
d'un mur, la figure toute noircie. « Pouvez-vous marcher ? » lui
dis-je. « Oui, Monsieur, mais je n'y vois pas. » Je le conduisis
à la voiture dans laquelle le pasteur Lepoids avait établi un

autre brave homme qui avait perdu un œil; puis nous retournâmes dans les lignes prussiennes ; la colonne d'attaque était embusquée sur le versant opposé du plateau, et nous désigna une vigne où nous trouvâmes d'abord un pauvre Breton qui nous reçut avec une immense joie et la salutation continuellement répétée : « Oh! mes amis ! » Il alla terminer paisiblement ses jours dans l'Ambulance de Sainte-Marie, qui reçut les remercîments chaleureux de la Société bretonne. Un peu plus loin, gisait, près d'un sergent poméranien à la mine intelligente et hostile, un autre Breton qui, malgré sa cuisse percée de part en part, accepta de s'asseoir dans notre fiacre, et qu'aujourd'hui nous retrouvons bien portant dans son magasin de Paris, conservant un souvenir reconnaissant des soins qu'il a reçus dans notre Ambulance.

Quant au pauvre aveugle que nous avions trouvé au pied du mur de la ferme, et dont les deux yeux avaient été emportés par la même balle, il a laissé à ses camarades et à ses nouveaux amis un doux souvenir. « Il a vécu encore huit jours » dans un état de souffrance extrême, écrit notre sœur qui a » recueilli son dernier soupir ; mais il a montré une grande » patience et soumission, même lorsqu'il dut apprendre que » ses yeux ne se rouvriraient plus à la lumière d'ici-bas. Il » écouta avec intérêt le verset placé près de son lit : « Venez à » moi, vous tous qui êtes travaillés et chargés, et je vous soula- » gerai! » ainsi que les portions de la parole de Dieu que nous » avions le privilége de lui lire. C'est ainsi que Dieu le prépara » à déloger, calme dans son cœur, malgré la souffrance de » son corps. »

Il demanda encore la communion et s'éteignit, soutenu par la prière commune de ses camarades et de la diaconesse qui l'entouraient agenouillés près de son lit. Sa famille nous envoya par écrit les témoignages les plus touchants de reconnaissance.

Un autre blessé, originaire des bords de l'Isère, sergent au 117ᵉ de ligne, sortit de notre Ambulance guéri de sa blessure, mais alla mourir d'une affection pulmonaire à Fourneaux. Le Directeur de l'orphelinat d'Orléans vint exprès à la maison nous redemander la Bible qu'il y avait laissée ; nous la retrouvâmes à Fourneaux après sa mort, entre les mains de son ami et voisin, auquel il avait laissé l'impression de s'en être nourri jusqu'à la fin.

Nous n'oublierons pas non plus le brave Onion, qui, après s'être guéri chez nous de sa blessure, puis d'une variole à l'hospice de Saint-Antoine, succombait à une troisième maladie qu'il avait prise, en voulant trop tôt rendre service à l'Asile suisse où il faisait sa convalescence. « C'était une âme simple, peu éclairée, mais qui croyait aussi de la bonne manière avec une simplicité d'énfant. » Lors de la seconde affaire du Bourget, nous eûmes la satisfaction de ramener, avec l'un de nos collègues, une petite troupe de malades ; on était heureux de les soustraire ainsi au froid glacial qui en avait fait mourir plusieurs dans la nuit, et en même temps d'observer les relations bienveillantes et presque patriarcales que tels et tels officiers de la mobile entretenaient avec leurs soldats.

Malgré ce qu'il a souvent de lugubre et presque de grossier, le transport des blessés reproduit néanmoins pour eux les principaux traits de la parabole du bon Samaritain, surtout si la « monture » du Samaritain n'est pas un char trop lourd et trop encombré, tel que ceux que nous étions obligés d'expédier à Paris le soir du combat de Créteil, forcés encore, faute de place, de ramener transis de froid, dans l'église ou dans une maison du village, des malheureux dont l'un mourut dans la nuit. Le lendemain, l'un des jeunes gens de Chaptal nous ramenait, dans une bonne voiture fermée et suspendue, deux blessés de Créteil ; l'un deux, jeune homme de bonne éducation, parut d'emblée frappé de la lecture de la parabole du bon Samaritain : le rapprochement naturel entre Jésus-Christ et les blessés le saisit, il exprima le désir de posséder le Nouveau-Testament et nous remercia avec effusion, après l'avoir reçu ;

l'autre avait été trouvé assis près d'un feu, la poitrine percée de part en part et sans chemise; un garde national qui passait répondit aussitôt à la demande qu'on lui fit, et alla lui en chercher l'une des siennes. Le pauvre blessé s'est guéri et nous l'avons retrouvé, resplendissant de santé, à l'ambulance de Mme Goguel.

Dans ces travaux de relèvement et de consolation, les distinctions d'Église tendaient à s'effacer; ainsi, le 30 novembre, deux pasteurs protestants d'un côté, et deux prêtres de l'autre, portaient et consolaient le même blessé dans les champs ensanglantés de Créteil. « Faisons tant de bien que possible, disait » au pasteur de notre Ambulance le prêtre âgé qui venait » visiter d'ordinaire nos blessés, nous discuterons plus tard. » Avant le dernier moment, l'un des curés du voisinage venait donner la communion à ceux qui la désiraient, et le dimanche les soldats capables de sortir, allaient, à leur choix et quelquefois successivement, à la messe de Saint-Éloy et au sermon de la chapelle des diaconesses. La fête de Noël, dont les souvenirs étaient presque étouffés par le bruit du canon et par les soupirs des pauvres, ne put être pour nous un jour de réjouissance; néanmoins, les élèves du pensionnat réformé donnèrent à nos soldats une vraie joie, en venant, à la tombée de la nuit, leur chanter de beaux cantiques à l'honneur du prince de la Paix, né dans l'étable du pauvre et mort blessé sur une croix. Ainsi se terminait, non sans consolation, la triste année 1870.

Essaierons-nous maintenant de faire quelques comparaisons entre les soldats de différentes provinces ou des diverses armes? Nos observations portent sur un nombre trop restreint d'individus pour avoir une portée très-étendue. Généralement, nous trouvions les provinciaux plus accessibles que les citadins, et ceux qui pouvaient se soutenir par la lecture moins exposés à de mauvaises influences que les illettrés. Bien des fois aussi, nous regrettâmes qu'en France tout le monde ne sût pas le français, et que le pauvre enfant de la Bretagne vînt mourir entre nos mains sans que nous eussions pu lui adresser une seule parole de consolation. Les marins avaient en général le cachet le plus individuel, et si l'un d'entre eux, atteint du « *delirium tremens*, » nous montra les déplorables suites de l'ivrognerie, la plupart des autres nous égayaient au contraire par leur originalité : c'était Floch, le Breton, qui servait d'interprète à ceux qui ne savaient pas le français et faisait le vocabulaire armoricain ; c'était Gilbert, le nègre de la Guadeloupe, impressionnable et enjoué comme un enfant, préoccupé du baptême qu'on ne lui avait pas encore administré, à ce qu'il disait ; c'était le brave Lebas, remonté des portes du sépulcre, et qui semblait, à lui-même et à nous, une sorte de Lazare ressuscité ; c'était le petit Américain, léger et alluré comme un mousse, mais après tout, confiant et facile à conduire.

Les artilleurs nous semblaient généralement plus intelligents que les autres armes ; l'un d'eux est resté avec nous pendant toute la durée de notre Ambulance ; la Bible devint son sujet constant d'étude : l'une de nos diaconesses lui enseigna la calligraphie, et lorsque nous fermâmes la maison, il alla mourir à l'Ambulance de Sainte-Marie, ayant supporté avec patience ses longues souffrances, et regardant, d'un cœur assuré, aux réalités éternelles.

Deux mots du personnel de l'Ambulance : le pasteur de la Maison des diaconesses, M. Appia, était le directeur responsable vis-à-vis du Comité ; le Dr Morin avait la direction médicale. L'une de nos diaconesses les plus expérimentées, Mlle Jenny Courtès, directrice de la Maison de santé, s'était chargée de conduire le service intérieur, assistée de deux autres sœurs, Mlles Lafont et Reeb. Que Dieu veuille les réjouir toutes trois dans le souvenir de leurs utiles et persévérants travaux.

Nous pouvons considérer comme un sujet de reconnaissance que, malgré des occupations redoublées, M. le Dr Morin et sœur Jenny aient pu vaquer à leur service sans interruption, et que nos deux autres sœurs n'aient jamais été arrêtées pour plus de quelques jours. « Le fait le plus saillant, nous écrit celle » qui dirigeait le service, est la protection de Dieu sur nous et » sur nos malades; nous commencions notre œuvre en nous » appuyant sur ces paroles : Confie-toi en l'Éternel; le cri de » notre cœur, en terminant, a été : Mon âme, bénis l'Éternel.» Plusieurs amis de la Maison, en particulier Mme Courtès, nous ont accordé un précieux concours, et, lorsque l'une de nos diaconesses était à bout de forces, elle trouvait toujours quelque compagne prête à la suppléer.

« La farine n'a manqué dans la cruche ni l'huile dans la » fiole, » et même aux jours de la disette nos soldats et ceux qui leur donnaient des soins, n'ont manqué de rien. L'état sanitaire a aussi été assez bon, et sur 191 entrées nous n'avons eu que 13 décès.

Nous dirons, en résumant nos impressions, que le souvenir des soins donnés à nos soldats blessés et malades, forme un bienfaisant contraste et comme un point lumineux dans le sombre tableau de l'année. Oui, il y a de grandes consolations dans la charité; et si la guerre déchaîne les instincts cruels et les passions sanguinaires des hommes, d'autre part, les soins donnés aux victimes de la guerre y apportent quelque correctif et sont une éloquente protestation contre ceux qui voudraient considérer la guerre comme une sorte de fonction périodique normale du corps social, au lieu d'y reconnaître d'une part un épouvantable jugement de Dieu contre les hommes, et de l'autre un crime des hommes contre la loi même de leur existence, qui est celle de la charité.

Total des journées........................... 4.554   »
Total des dépenses........................... 7.261 55
Moyenne...................................... 1 60 par jour.